Raphaël-Georges Lévy

La Disparition de l'argent comme métal monétaire

Une Révolution économique

 Le code de la propriété intellectuelle du 1er juillet 1992 interdit en effet expressément la photocopie à usage collectif sans autorisation des ayants droit. Or, cette pratique s'est généralisée dans les établissements d'enseignement supérieur, provoquant une baisse brutale des achats de livres et de revues, au point que la possibilité même pour les auteurs de créer des œuvres nouvelles et de les faire éditer correctement est aujourd'hui menacée. En application de la loi du 11 mars 1957, il est interdit de reproduire intégralement ou partiellement le présent ouvrage, sur quelque support que ce soit, sans autorisation de l'Éditeur ou du Centre Français d'Exploitation du Droit de Copie , 20, rue Grands Augustins, 75006 Paris.

ISBN : 978-1545444184

10 9 8 7 6 5 4 3 2 1

Raphaël-Georges Lévy

La Disparition de l'argent comme métal monétaire

Une Révolution économique

Table de Matières

Introduction	*6*
Section I	*6*
Section II	*9*
Section III	*15*
Section IV	*24*

Introduction

Lorsqu'il y a sept ans, nous écrivions, dans la *Revue*, un article sur *la Hausse du blé et la baisse du métal argent*, nous ne faisions que noter un des épisodes de la transformation monétaire dont le globe est le théâtre, et démontrer combien le phénomène économique de la variation des prix est indépendant de la quantité de métaux précieux qui circulent sous forme de monnaies. Aujourd'hui qu'un cycle s'accomplit, que la quasi-unanimité des nations civilisées a adopté ou est à la veille d'adopter l'or comme seule monnaie à force libératoire illimitée, il convient de résumer l'état de la question, de rappeler le chemin parcouru depuis un quart de siècle ; puis, tout en expliquant l'importance du résultat obtenu et le triomphe de la saine doctrine monétaire, de rassurer ceux qui prédisaient que la déchéance du métal blanc, d'une fonction qu'il avait remplie pendant des siècles, serait le signal de maux incalculables pour l'humanité. Ce sera aussi l'occasion de ramener à de justes proportions le rôle de la monnaie métallique dans les transactions et d'analyser les éléments subtils et complexes qui contribuent à en fixer la valeur.

Section I

La baisse de l'argent n'a commencé, dans les temps modernes, à prendre de proportions notables qu'au cours du dernier quart du XIXe siècle. De 1800 à 1870, le rapport de 1 poids d'or pour 15 poids et demi d'argent, constitué par notre loi monétaire de germinal an XI, n'avait pas été altéré d'une façon très sensible sur le marché libre des métaux précieux. On y avait bien constaté certaines oscillations appréciables, notamment lors de la découverte des riches placers de Californie. Mais elles se traduisaient par des écarts d'un quart, d'un demi pour cent. Au contraire, à partir de la réforme monétaire allemande, qui fut le signal d'une époque nouvelle, la rupture d'équilibre entre les deux métaux, que l'humanité, pendant une période récente, avait acceptés avec une égale faveur, apparut soudain à tous les yeux. Le kilogramme d'argent, qui valait 222 francs en 1870, tomba, dès 1876, à 193 francs ; ou, pour employer la notation la plus usuelle eu cette matière, celle du marché de Londres, l'once standard, c'est-à-dire un poids d'environ 31 grammes à onze douzièmes de fin, tomba de 61 pence (environ 6 fr. 40) à 53 pence (environ 5 fr. 55). Le mouvement ne fit que s'accentuer, en dépit de plusieurs arrêts et de quelques légères reprises qui coïncidèrent avec certaines mesures législatives des Etats-Unis dont nous parlerons plus loin : l'once standard est aujourd'hui cotée à Londres aux environs de 22 pence, ce qui correspond à un prix d'à peu près 80 francs pour le kilogramme à mille millièmes de fin. Le métal blanc a presque perdu les deux tiers de la valeur que lui assignait la loi de germinal. D'autre part, la production annuelle en a augmenté d'une façon constante et se maintient encore au niveau le plus élevé que l'humanité ait connu, aux environs de 5 millions et demi de kilogrammes. En voici la progression depuis un quart de siècle, d'après le rapport du directeur de l'Administration des monnaies et médailles :

	kilogrammes.
1876	2 107 325
1881	2 457 786
1886	2 901 826
1891	4 226 427
1896	5 232 021
1902	environ 5 500 000

Cette progression se constate en dépit de la restriction de plus en plus étroite des débouchés monétaires. Il est donc naturel qu'elle ait été accompagnée d'une baisse incessante du métal. A cet égard, il est intéressant d'examiner quelle est l'importance de la consommation industrielle ; l'augmentation de cette dernière pourrait en effet, si elle croissait en raison de la chute du prix, ralentir cette chute et lui offrir une résistance d'autant plus forte que la tendance s'accentuerait. D'après les travaux du directeur de la Monnaie à Washington, les emplois industriels de l'argent auraient, en 1900, absorbé un peu moins du quart de la production totale, 1 277 147 kilogrammes sur 5 377 008. Ce débouché pourrait acquérir plus d'importance dans notre pays, s'il se décidait à réduire dans une proportion notable le droit énorme de 20 francs par kilogramme, c'est-à-dire d'environ 25 pour 100 sur la valeur actuelle, que perçoit l'Etat, pour droit de poinçonnage. En dépit de cette entrave, en dépit aussi de l'obstination avec laquelle les fabricants persistent à maintenir pour l'argenterie des prix de vente peu en rapport avec les cours du métal, les emplois industriels de celui-ci ont à peu près doublé en France depuis trente ans, et absorbent 134 000 kilogrammes en 1900 contre 68 000 en 1868.

Les statisticiens ont essayé, à maintes reprises, de déterminer le prix de revient de l'argent, c'est-à-dire ce que coûte à produire l'once ou le kilogramme. Cette recherche, très délicate pour tous les métaux, parce qu'il y a pour ainsi dire autant de prix de revient différais qu'il y a de sièges d'extraction, est impossible pour l'argent : en effet, ce métal non seulement est extrait de minerais ne contenant pas d'autre métal, mais se rencontre dans un grand nombre de cas à l'état composite, associé à des substances telles que l'or, le cuivre, le zinc, le plomb. C'est ainsi que la célèbre mine de cuivre de l'Anaconda, qui est la première productrice du monde pour le métal rouge, dont elle a fourni jusqu'à 60 000 tonnes en une année, a été, à une certaine époque, la seconde parmi les mines d'argent. Comment, dès lors, établir ce que coûte à produire chacune des onces d'argent que l'Anaconda met en vente ? Si tous les frais de la mine et des usines sont imputés à l'extraction et à la fabrication du cuivre, tandis que l'argent ne supporte que ceux du raffinage au moyen duquel on l'extrait du lingot sorti de la fusion, ce dernier ne coûtera presque rien et sa valeur représentera presque en totalité un bénéfice net pour l'entreprise. Au contraire, si cette valeur est portée en déduction du prix coûtant du cuivre, qui, au-dessous d'un certain cours, ne pourrait pas être produit avec profil, ou ne parviendra à évaluer le prix de revient de l'argent qu'en se livrant à des calculs compliqués : on manque de base certaine pour répartir les frais de l'entreprise entre les deux métaux, et dégager le prix coûtant de chacun d'eux.

Même dans le cas de mines produisant exclusivement de l'argent, il faut faire une distinction suivant qu'elles sont situées dans des pays à étalon d'argent, comme le Mexique, ou sur le territoire de nations qui sont régies par l'étalon d'or, telles que les Etats-Unis d'Amérique ou l'Australie. Dans le premier cas, les dépenses de l'entreprise se règlent au moyen du métal produit, sauf celles qu'occasionnent, dans certains cas, le paiement d'un état-major qui réside à l'étranger et l'importation de machines venant de pays qui n'ont pas l'étalon d'argent : dès lors, ce n'est que l'excédent de la production au-delà des frais, c'est-à-dire le solde bénéficiaire de l'exploitation, dont la valeur varie en raison des fluctuations du métal. Au contraire, dans les pays à étalon d'or, les dépenses, salaires, acquisitions de toute sorte, subissent dans leur ensemble le contre-coup de ces fluctuations, ou plutôt modifient la proportion de métal blanc nécessaire pour les couvrir, proportion qui doit être déduite de la somme totale de la production, pour faire apparaître le bénéfice net. La complexité du problème est infinie ; il ne peut être résolu dans les termes où nous l'avons posé, c'est-à-dire pour l'ensemble de la production. Seule, l'expérience nous apprendra, pour chaque mine envisagée séparément, le cours du métal au-dessous duquel elle ne peut plus réaliser de bénéfice ; et encore cette expérience ne sera-t-elle pas toujours immédiate : on sait que bien des entreprises industrielles, et les entreprises minières plus que toutes les autres, ne cessent pas de travailler à l'instant où elles cessent de réaliser des profits : elles continuent, souvent pendant plusieurs années, une exploitation qui les met en perte, plutôt que de fermer leurs chantiers, de renvoyer leurs ouvriers, de laisser l'eau envahir leurs puits : elles gardent l'espoir d'une amélioration ultérieure des prix qui leur permettra de retrouver des temps prospères ; un arrêt brusque les condamnerait irrévocablement ; ce n'est souvent qu'au bout d'une longue période que convaincues de l'inanité de leurs espérances, elles renoncent définitivement à la lutte pour l'existence. Peut-être verrons-nous, durant les prochaines années, se fermer un certain nombre ; de mines d'argent : c'est alors seulement que nous pourrons trouver, dans la diminution de production, une raison d'arrêt de la baisse ou peut-être même de reprise des cours.

Section II

Le monde moderne a vécu pendant plusieurs siècles sous le régime du bimétallisme, régime qui a reçu son expression en quelque sorte définitive dans notre loi de germinal an XI, laquelle établissait l'équivalence parfaite entre un gramme d'or et 15 grammes et demi d'argent. Cent ans plus tard, à l'heure où nous écrivons, cette loi préside encore à la frappe de nos monnaies ; mais, sur le marché libre des métaux, on obtient 40 grammes d'argent pour un gramme d'or, tandis qu'à l'époque où notre système monétaire fut organisé, le rapport légal de 1 à 15 1/2 correspondait à celui qui existait sur le marché libre. Ce simple énoncé permet de mesurer l'étape franchie. Le législateur français avait cru enfermer dans un rapport immuable de valeur les deux métaux qui servaient alors à l'humanité à accomplir ses transactions ; il autorisait tout porteur de lingots de l'un ou de l'autre à les apporter à l'Hôtel des Monnaies pour recevoir, en échange, des pièces qui lui permettaient d'acquitter des dettes de n'importe quel montant. Depuis vingt-cinq ans, cette faculté a été retirée aux particuliers, et l'Etat lui-même a cessé de frapper des écus pour son compte. Nous vivons en réalité sous le régime de l'étalon d'or ; c'est-à-dire que, seuls, les lingots de métal jaune peuvent être apportés en quantités illimitées à la Monnaie, qui les transforme, moyennant prélèvement d'une légère fraction à titre de seigneuriage, en pièces de dix, de vingt, de cinquante ou de cent francs. Les autres monnaies françaises se divisent en deux catégories : les pièces de cinq francs en argent sont en nombre limité, puisqu'il n'en est plus frappé une seule ; elles servent à tous paiements, sans limitation. Au contraire, les pièces de deux francs, d'un franc et de cinquante centimes en argent, les pièces de dix, de cinq, de deux et d'un centime en bronze ne peuvent être imposées aux particuliers que jusqu'à concurrence de cinquante francs les premières, de cinq francs les secondes, tandis que l'Etal est obligé de les recevoir en quantités illimitées. Cette obligation édictée pour les caisses publiques de reprendre les monnaies divisionnaires et de billon est une garantie que, le gouvernement n'abusera pas de ces créations et ne mettra pas dans la circulation plus de ces monnaies que les besoins du public n'en réclament. Ces pièces ne constituent pas en effet la monnaie-marchandise, celle qui porte en elle-même sa propre justification, celle qui, jetée au creuset et transformée en lingot, gardera sa valeur : elles tirent la plus grande partie de celle-ci de l'intervention de l'Etat souverain, qui les revêt de son estampille et leur attribue ainsi une valeur très supérieure à leur valeur intrinsèque. Pour éviter les abus qui pourraient naître d'un pouvoir aussi exorbitant, il a été sagement décidé que les monnaies de cette sorte pourraient toujours être échangées, aux caisses publiques, contre des monnaies à force libératoire : cette disposition permet, à tout moment, de purger la circulation d'un excédent, par le retour en quelque sorte automatique des pièces surabondantes dans les coffres du Trésor.

Il faut observer que les écus de cinq francs ne sont pas, au point de vue de leur valeur intrinsèque, dans une situation meilleure que les pièces de deux francs, d'un franc et de cinquante centimes, sauf que les premiers sont frappés à 900 millièmes de fin, tandis que les secondes n'en contiennent que 835. Jetés au creuset, les écus perdraient à peu près les 3/5 de leur valeur normale ; ils ne conservent celle-ci que par la volonté du législateur, qui ne peut la leur assurer qu'à l'intérieur des frontières, dans les rapports entre Français, pour leurs paie mens aux particuliers ou au gouvernement. Ce n'est plus une monnaie d'exportation, sauf sur le territoire de l'Union latine, c'est-à-dire de la Belgique, de la Suisse, de l'Italie, de la Grèce, pays qui nous sont liés par une convention, en vertu de laquelle certaines monnaies de chacun des cinq Etats circulent et sont admises, non seulement dans leur pays d'origine, mais chez les quatre autres contractants.

Telle est la situation en France. En Allemagne, elle était à peu près semblable jusqu'en 1900 : mais, à cette époque, le gouvernement impérial a eu le courage de faire un pas en avant et d'achever de retirer de la circulation les thalers (pièces de 3 fr. 75) d'argent, qui avaient une situation analogue à nos écus de cinq francs, c'est-à-dire force libératoire illimitée, et, dont la frappe a cessé depuis plus d'un quart de siècle ; la loi du 1er juin 1900 ordonne que tous les thalers encore existants seront peu à peu fondus et transformés en pièces divisionnaires de cinq, de deux, d'un et d'un demi-marc, qui ne sont admises dans les paiements que jusqu'à concurrence de vingt marcs. Une fois que les thalers auront ainsi disparu, c'est-à-dire, selon toute vraisemblance, dans sept ou huit ans, l'Allemagne ne connaîtra d'autre monnaie libératoire que l'or et sera sous un régime identique à celui de la Grande-Bretagne, qui, depuis bientôt un siècle, a institué l'étalon d'or et n'a cessé d'en étendre les effets, non seulement chez elle, mais dans la plupart de ses colonies. Jamais la Banque d'Angleterre n'a fait usage de l'article de sa charte qui lui permet de constituer en argent le cinquième de son encaisse, toujours rigoureusement composée de lingots ou de pièces de métal jaune.

Mais là où le gouvernement britannique a accompli la réforme la plus remarquable, c'est aux Indes : dans cette vaste possession, l'argent régnait en maître ; la roupie d'argent était la monnaie courante qui servait à régler toutes les transactions. En 1893, préoccupé de la baisse ininterrompue du métal blanc, que les événements d'Amérique, dont nous parlerons dans un instant, menaçaient encore de précipiter, le cabinet de Saint-James, d'accord avec le vice-roi et le Conseil des Indes, suspendit la libre frappe de la roupie, qui se trouva ainsi ramenée à l'état de nos écus de cinq francs : elle continuait à être monnaie libératoire, mais la quantité en circulation ne pouvait plus en être augmentée du chef de l'apport de lingots par les particuliers aux Hôtels des monnaies de Calcutta et de Bombay. Tout au plus le droit était-il réservé au gouvernement de frapper des roupies pour les besoins de la circulation et notamment pour en délivrer à ceux qui lui apporteraient des monnaies d'or, l'échange se faisant sur le pied de 15 roupies contre une livre sterling. En 1900, il a été fait un second pas, plus hardi et significatif, dans la voie de la réforme : désormais, non seulement le gouvernement indien donne 15 roupies d'argent à qui lui présente un souverain d'or ; mais il donne également, au moyen d'une réserve constituée à cet effet, un souverain d'or à qui lui apporte 15 roupies d'argent. C'est l'étalon d'or établi aux Indes, dans cette immense région peuplée de 300 millions d'habitants et où il semblait naguère que le métal blanc ne pût être détrôné.

Nous ne parlerons pas des colonies anglaises, telles que l'Australie, l'Afrique du Sud ou le Canada, qui n'ont jamais connu d'autre monnaie que l'or, le dernier avec cette particularité curieuse qu'il ne frappe point de monnaie indigène, mais se contente de se servir de pièces anglaises et américaines, qui alimentent sa circulation. Dans d'autres colonies, qui ont encore l'étalon d'argent, comme les établissements du détroit de Malacca (*Straits Setllements*), il est question d'y substituer l'étalon d'or, que le Siam, royaume indépendant, mais où l'influence britannique est indéniable, vient d'adopter. Pendant que nous sommes en Asie, rappelons que le

Japon a, dès 1897, agi de même et institué l'étalon d'or, grâce, en partie, aux ressources que lui fournissait l'indemnité de guerre chinoise. C'est ainsi que l'Allemagne, après 1870, puisa dans nos cinq milliards l'élément nécessaire à l'accomplissement de sa réforme monétaire.

Le pays qui tient aujourd'hui la première place dans le mouvement commercial et industriel, — nous avons nommé les Etats-Unis d'Amérique, — a tranché la question comme l'Allemagne vient de le faire. Ici, la situation se présentait tout autrement que dans ce dernier empire : celui-ci, en 1873, voulait se débarrasser d'une législation bimétalliste mal définie, d'une circulation de nombreuses monnaies d'argent. Les Etats-Unis, au contraire, ont présenté au monde le spectacle aussi extraordinaire qu'instructif d'une grande communauté qui a essayé de revenir en arrière et d'abandonner l'étalon d'or, restauré chez elle après la guerre de Sécession et la suppression du cours forcé établi au cours de cette guerre. Sous l'influence d'un parti puissant, qui représentait les intérêts miniers de l'Ouest, le Congrès de Washington tenta, pendant seize ans, de 1878 à 1893, de saturer la circulation américaine de monnaies d'argent, puis de billets gagés par des lingots de métal blanc. Il vota deux lois qui ordonnaient l'achat mensuel, par le Trésor, d'abord d'environ 10 millions (*loi Bland*), puis de 27 millions de francs d'argent (*loi Sherman*),[1] c'est-à-dire de 125 millions par an, de 1878 à 1890 ; d'environ 300 millions à partir de cette dernière date. Jamais pareil effort n'avait été tenté pour fausser les conditions naturelles du marché monétaire ; jamais les partisans d'une législation factice n'eurent plus belle occasion d'appliquer leurs théories et de se livrer à des expériences, que, seule, la richesse exubérante de l'Amérique permettait d'entreprendre. Et cependant le résultat fut nul et contraire à toutes les espérances que les propriétaires de mines d'argent avaient conçues. En dépit de ces énormes achats, les cours du métal ne se relevèrent pas. Voici, en effet, quel a été, depuis lors, le cours moyen de l'argent exprimé au moyen du prix de l'once standard à Londres, cotée en pence : le *penny* (au pluriel *pence*) vaut 0, 105 de notre monnaie ; nous choisissons cette place, parce que c'est là qu'existe le plus vaste marché du métal, dont elle a

---

[1] Nous comptons, dans ces calculs, l'argent à la' valeur monétaire que lui donne la loi française, 222 fr. le kilogramme.

importé en 1902 £ 11 501 678 (environ 288 millions de francs) et exporté, durant la même année, £ 12 049 837 (environ 302 millions de francs).

Cours du métal argent à Londres de 1878 à 1902.

1878	52 9/16	1891	45 1/16
1879	51 1/4	1892	39 13/16
1880	52 1/4	1893	35 5/8
1881	51 11/16	1894	28 15/16
1882	51 5/8	1895	29 7/8
1883	50 9/16	1896	30 3/4
1884	50 5/8	1897	27 9/16
1885	48 5/8	1898	26 15/16
1886	45 3/8	1899	27 7/16
1887	44 5/8	1900	28 1/4
1888	42 7/8	1901	27 3/16
1889	42 11/16	1902	24 1/16
1890	47 11/16		

Pendant les seize années qu'a duré l'intervention américaine, l'argent n'a pas cessé de baisser ; il a perdu, de 1878 à 1893, un tiers de sa valeur. La chute a été ininterrompue, sauf en l'année 1890, durant laquelle on put croire un moment que le gigantesque effort de la loi Sherman arrêterait la marche naturelle des choses, et on vit l'once remonter un moment jusqu'à 49 1/2 : le cours de 47 11/16, inscrit ci-dessus, est le chiffre moyen de l'année. Dès 1891, il retombait à 45 1/16 ; en 1893, à 35 5/8 ; l'année suivante à 28 15/16 et, en 1902, à 24 1/16, pour descendre en janvier 1903 aux environs de 22 pence, cours le plus bas qui ait jamais été connu.

A la suite de ces grands pays, d'autres, de moindre importance, se sont engagés dans la même voie. Seuls, des gouvernements mal inspirés, comme celui de l'Espagne, ont profité de la baisse pour frapper une grande quantité de monnaies d'argent, dont la circulation de la péninsule a été saturée. Cette politique à courte vue n'a eu d'autre résultat que d'accroître les embarras monétaires du pays et de retarder le moment, d'ailleurs inévitable, où il reviendra à la saine monnaie, c'est-à-dire à l'étalon d'or unique, solution que les hommes d'Etat de Madrid envisagent dès aujourd'hui comme le remède définitif au désordre actuel. En dehors de ce cas à peu près unique, le nombre des pays qui adoptent l'étalon d'or ou en préparent l'avènement par la restriction de la frappe de l'argent augmente tons les jours.

Section III

Ainsi l'argent se voit peu à peu destitué, dans les communautés humaines, de sa fonction de métal libératoire : cette déchéance, jointe à la constante augmentation de la production, a amené une baisse ininterrompue, laquelle à son tour a précipité le mouvement et poussé les gouvernements vers les solutions radicales. Le problème qui se pose n'est plus celui qui a été, à diverses reprises, l'objet de controverses ardentes et passionnées, tantôt à l'intérieur de grands pays comme la France, l'Allemagne et surtout les Etats-Unis d'Amérique, tantôt aux conférences monétaires internationales, qu'à plusieurs reprises les partisans du bimétallisme ont réussi à faire réunir, sans qu'il en soit jamais rien sorti, ni un projet tant soit peu pratique, ni la plus insignifiante mesure législative, ni la moindre entente internationale. Nous ne saurions le proclamer assez haut : le triomphe est complet de ceux qui n'ont cessé de répéter que l'univers civilisé marchait à l'unité monétaire ; que, la grande majorité des peuples ayant fait son choix entre les deux métaux précieux, For seul serait maintenu dans les fonctions de monnaie libératoire, d'étalon commun des valeurs et des prix. En un quart de siècle, en moins d'une génération, tous les sophismes des partisans du double étalon, du maintien légal, entre l'or et l'argent, d'un rapport entièrement différent de leur rapport commercial, ont été balayés. Les faits accumulés démontrent victorieusement que les prix des marchandises varient par des causes tout autres que la quantité de monnaies circulant, que la liberté ou l'interdiction de la frappe de l'argent. Nous en avons fini avec ces vaines et interminables discussions : un grand silence s'est fait du côté des argentistes.

Le coup décisif leur a été porté par les mesures prises aux Etats-Unis, pays dont nous rappelions tout à l'heure l'importance économique et qui, par sa position prépondérante, entraîne après lui les principales nations du globe. Personne ne recommande plus le retour au célèbre quinze et demi, dont feu Cernuschi ne se lassa ni de demander ni de prédire le rétablissement ; personne n'essaie même d'obtenir de la France, de l'Angleterre on de l'Allemagne ces demi-mesures ou ces quarts de mesure bâtardes, mort-nées, que les faiseurs de projets recommandaient, à grand renfort d'éloquence, aux congrès monétaires, et qui consistaient, tantôt dans l'achat d'un certain stock d'argent par les Trésors publics, tantôt dans l'admission, dans les encaisses des grandes banques d'émission, d'une plus forte quantité de métal blanc. Le problème est singulièrement circonscrit. Il semble que tout le monde soit d'accord sur un point : l'or sera un jour, et ce jour n'est peut-être pas éloigné, l'étalon unique de la terre entière. Il ne reste qu'à rechercher le meilleur mode de transition, pour les pays qui ne sont pas encore à ce régime, entre leur situation actuelle et celle à laquelle, bon gré mal gré, ils devront arriver.

Il y a pour cela trois catégories d'Etats à envisager : ceux chez lesquels l'étalon d'or existe déjà en fait, mais qui ont à se débarrasser d'un stock d'argent surabondant, ayant encore, de par la loi, force libératoire, déjà partiellement éliminé, par la pratique journalière, encombrant les caves des banques, gênant la circulation, jetant un doute sur la solidité de la législation monétaire : telles les nations de l'Union latine. Une deuxième classe comprend les pays dont l'étalon monétaire est imparfaitement défini, ceux qui soutirent du mal connu sous le nom de cours forcé, c'est-à-dire du papier-monnaie, de l'absence de tout métal libératoire dans la circulation et qui, le jour où ils reprendront les paiements en espèces, seront, sans aucun doute, amenés à les reprendre en or, se mettant d'emblée au rang des peuples dont le système monétaire est le meilleur. C'est ainsi que, dans les nouvelles villes d'Amérique, le premier éclairage établi est l'électricité, sans que les habitants aient jamais connu ni le gaz, ni l'huile végétale, ni le pétrole. La troisième catégorie se compose de pays à étalon d'argent, dont le Mexique est le type le plus parfait, et parmi lesquels il faut ranger notre empire d'Extrême-Orient, où la question est particulièrement brûlante à cause des rapports quotidiens avec la métropole.

A l'exception de l'Angleterre, qui, dès le commencement du XIXe siècle, avait institué chez elle l'étalon d'or, dont, avec son admirable sens commercial, elle n'a depuis lors eu garde de se départir un seul jour, la plupart des grandes nations ont passé, dans le dernier quart du siècle qui vient de s'achever, par la première des trois phases décrites tout à l'heure. Les Etats-Unis d'Amérique ont servi de champ clos, de 1878 à 1893, à la bataille la plus mémorable qui se soit livrée sur ce domaine ; et, comme tout, chez cette jeune et exubérante nation, atteint des proportions colossales, c'est par centaines de millions, par milliards de francs que se comptent les sommes dépensées par le Trésor de Washington au service des idées fausses qui ont pendant seize ans inspiré sa politique monétaire. Nous avons exposé plus haut comment le débat était clos : la loi de 1900 a proclamé que le dollar est un poids d'or, et posé ainsi un principe dont il est peu vraisemblable qu'aucun Américain essaie à nouveau de contester le règne souverain.

En Allemagne, une loi de la même année 1900 a sonné le glas funèbre du thaler. Les pays de l'Union latine, la France en première ligne, sont encombrés d'un énorme stock déçus de cinq francs, entassés en grande partie dans les caves de la Banque de France. Déjà, en 1894, nous avions demandé la dénonciation de ce lien monétaire qui a enchaîné dans une commune impuissance des pays aussi inégaux que le nôtre, l'Italie, la Belgique, la Suisse et la Grèce. Cette union, qui devait s'appliquer à toutes les monnaies, ne sort en réalité son effet que pour les monnaies d'argent : car les monnaies d'or de pays qui ne l'ont pas partie de l'Union, comme l'Autriche ou la Russie, circulent chez nous aussi bien que les pièces suisses ou italiennes ; point n'est donc besoin de convention spéciale à cet égard : du moment où la pièce d'or est frappée au même titre et au même poids que la nôtre, elle circule parallèlement à celle-ci. Mais, là où l'Union exerce une action, elle est déplorable, car elle nous force k accepter, pour leur pleine valeur nominale, les écus italiens, belges, suisses et grecs, qui valent intrinsèquement deux francs, et que nous sommes obligés de recevoir pour cinq.

Il faudra cependant avoir le courage, un jour ou l'autre, de regarder la situation en face et de songer au moyen de nous dégager d'un

Irai Ni nuisible pour nous, inutile à nos associés, puis de nous débarrasser de l'excédent déçus qui nous restera après liquidation. D'autres pays, plus infestés que le nôtre de métal argent, comme l'Espagne, dont les ministres ont eu l'imprévoyance de faire frapper, au cours des dernières années, de grandes quantités de pièces en métal blanc, auront d'autant plus de peine à revenir à une situation normale, qu'ils se sont créé à eux-mêmes, de gaîté de cœur, des difficultés additionnelles, pour réaliser un soi-disant bénéfice, destiné à se traduire plus tard par une perte bien plus sensible. Mais il n'en faudra pas moins qu'ils eu viennent, eux aussi, à l'étalon d'or, comme l'annonçait il y a quelques mois, dans une lettre mémorable, le président d'une de nos grandes banques françaises.

La deuxième catégorie comprend les pays qui, comme la Russie et l'Autriche, ont substitué la monnaie d'or au papier-monnaie. Les deux empires que nous venons de citer se trouvaient dans une position analogue et ont procédé de la même façon. L'un et l'autre, depuis près d'un siècle, avaient vécu sous le régime du papier-monnaie, avec des intervalles de reprises de paiements en espèces, et n'avaient, en dernier lieu, pour instrument de leurs échanges, que des billets de banque inconvertibles, dont la valeur oscillait au gré de la balance commerciale et parfois des caprices de la spéculation. Tous deux décidèrent de donner, l'un au rouble, l'autre au florin, une valeur fixe ; tous deux comprirent que cette fixité ne pouvait être obtenue qu'en faisant du rouble ou du florin un poids d'or. Mais comment établir ce poids, c'est-à-dire cette valeur ? Allait-on remonter à l'origine et décréter, par exemple, l'équivalence du rouble et de i francs, du florin et de 2 fr. 50, alors que les cours du change, c'est-à-dire la valeur assignée à ces deux monnaies par comparaison avec les monnaies étrangères d'or, depuis de longues années, oscillait autour de 2 fr. 65 pour le premier et de 2 fr. 10 pour le second ? Fixer ainsi brusquement une valeur, supérieure à la réalité de 50 pour 100 dans le premier cas, de 20 pour 100 dans le second, eût amené une véritable révolution dans les rapports commerciaux et financiers de la Russie et de l'Autriche avec le dehors et bouleversé le régime des échanges à l'intérieur : il convenait de se guider d'après l'état de choses existant et d'attribuer aux monnaies, à titre définitif, la valeur qu'elles avaient prises peu à peu, à mesure que l'amplitude des oscillations du change avait diminué. Il n'y avait d'ailleurs aucune injustice à le faire : si le rouble égalait jadis 4 francs métalliques, c'était à l'époque où il était indistinctement représenté par 18 grammes d'argent ou 1gr., 16 d'or. Or, si 1gr., 16 d'or valent toujours 4 francs, 18 grammes d'argent ne valent plus que 1 fr. 50. Fixer la valeur du nouveau rouble d'or à mi-chemin entre ces deux termes extrêmes n'était donc pas imposer aux porteurs des billets de la Banque de Russie un sacrifice. L'Autriche a fait un raisonnement analogue, et elle a pu le faire d'autant mieux que, si la Russie avait vécu jadis sous un régime bimétalliste, elle, au contraire, avait, par actes du 19 septembre 1857 et du 27 avril 1858, formellement institué l'étalon d'argent : elle ne devait donc, en droit strict, aux porteurs de ses billets qu'un poids d'argent d'environ 11 grammes, c'est-à-dire 92 centimes. En leur payant 2 fr. 10r elle a justifié la confiance qu'ils lui témoignaient depuis longtemps en maintenant au billet une valeur bien supérieure à celle du métal qu'il représentait.

D'une façon générale, les pays qui cherchent à se débarrasser du fléau du cours forcé n'hésitent pas à adopter l'étalon d'or. Il n'en est pas qui, en remboursant des billets inconvertibles, songent à offrir pour cet objet du métal blanc, ou à instituer un régime bimétalliste qui amènerait le chaos là où il s'agit de faire régner l'ordre.

La plus grande difficulté à résoudre se présente dans la troisième catégorie, celle des Etats qui vivent aujourd'hui sous le régime de l'étalon d'argent. Ce régime, en soi, n'est nullement contraire à la théorie de l'économie politique, puisqu'il répond au desideratum primordial de celle-ci, l'unité de mesure ; mais il a été condamné en fait par la majorité du genre humain, ou tout au moins de l'univers civilisé, qui a adopté pour monnaie le métal jaune et force ainsi toutes les communautés qui veulent s'éviter des difficultés et une gêne considérables pour leurs transactions à suivre le même exemple. Nous avons vu plus haut comment deux des plus importants empires asiatiques, le Japon et les Indes, avaient accompli cette réforme capitale. Le premier a passé, sans transition, d'un régime moitié bimétalliste, moitié de cours forcé, à celui de l'étalon d'or. Les Indes, tout en procédant plus lentement, sont entrées dans une voie qui les mène au même résultat : nous avons rappelé quel chemin elles ont parcouru en moins de sept années. Le premier pas, déjà décisif, a été fait en 1893, lorsque la suspension de la libre frappe de la roupie d'argent a été décrétée. C'est ainsi, en effet, qu'il est nécessaire d'inaugurer l'évolution : dès l'heure où chacun ne peut plus faire librement transformer le lingot en monnaie, le métal est déchu de la principale partie de sa puissance ; mais, d'autre pari, les pièces antérieurement frappées el revêtues de l'empreinte du gouvernement acquièrent une plus-value par le fait que le nombre en est désormais limité et que, par conséquent, selon la toi de la demande et de l'offre, cette dernière n'étant plus susceptible d'être augmentée, la première devra amener une hausse. C'est ce qui a permis au gouvernement britannique d'assigner à la roupie une valeur de 16 pence, notablement supérieure au pair intrinsèque, et de la maintenir d'une façon stable, malgré la baisse continue de l'argent.

De tous les pays qui sont dans le cas que nous examinons, celui qui nous touche le plus et nous préoccupe d'une façon particulière est notre empire d'Extrême-Orient, où l'argent règne en maître et où la circulation se compose en partie de dollars frappés par nos soins à raison de 27 grammes de poids et à 900 millièmes de fin, en partie de piastres mexicaines qui pèsent 27gr, 073 au titre de 903 millièmes environ. L'une et l'autre de ces deux monnaies, librement frappées jusqu'ici, n'ont cessé de baisser, suivant, comme il est naturel, les fluctuations du métal blanc. Point n'est besoin d'insister sur les inconvénients de cet état de choses ; le commerce extérieur de notre colonie ne repose plus sur une base solide : lorsqu'un négociant de Saigon ou de Hanoï fait venir d'Europe des marchandises, dont il connaît le cours en francs, il ignore combien de piastres il devra débourser à l'époque du règlement, parce que le prix de la piastre varie chaque jour et que, par conséquent, pour acquitter une même dette en francs, il lui faudra tantôt un plus grand, tantôt un plus petit nombre de piastres d'argent. L'exportateur qui envoie des marchandises au dehors n'est pas davantage à l'abri de cet aléa, à moins de vendre immédiatement, lors de la conclusion d'une affaire, le produit de sa marchandise à une échéance déterminée, méthode impraticable dans la plupart des cas, et qui d'ailleurs ne supprimerait pas les inconvénients des fluctuations de la piastre pour les transactions intérieures de l'Indo-Chine.

Raphaël-Georges Lévy

Il ne faut pas croire qu'une diminution de valeur de la monnaie d'argent par rapport aux monnaies d'or et aux monnaies étrangères en général n'ait pas de répercussion à l'intérieur du pays. Les inconvénients de cette baisse ne se bornent pas au commerce extérieur ; ils sont également perceptibles à l'intérieur des frontières ; sans parler de l'effet instantané sur le prix des marchandises venues du dehors et qui renchérissent au fur et à mesure de la dépréciation de la monnaie indigène, cette dépréciation finit par se traduire dans les prix de toutes choses. Aujourd'hui surtout que les communications des pays, des continents les uns avec les autres se multiplient, que l'univers forme un tout dont les diverses parties sont unies entre elles par des liens plus ou moins puissants, mais dont aucune n'est entièrement indépendante des autres, il est impossible qu'au bout d'un certain temps, la dévaluation d'une monnaie ne porte pas ses fruits, c'est-à-dire ne fasse pas renchérir la vie. Ceux qui s'imaginent qu'à l'aide d'une même quantité de monnaie dépréciée on peut acquérir indéfiniment les mêmes quantités d'objets ou de vivres, qu'on échangerait ensuite contre une quantité également fixe de bonne monnaie, se trompent étrangement. Tout au plus est-il permis de soutenir qu'il faut un temps assez long pour que les conséquences se fassent sentir dans toutes les directions : mais le résultat final est certain. Dès lors, aucun pays n'a, à la longue, d'avantage à rester sous un régime monétaire dont l'étalon est instable.

Ce point étant acquis, nous devons nous demander quel remède il convient d'apporter. L'exemple que nous avons cité de l'Inde paraît fort bien s'appliquer à l'Indo-Chine : le continent est le même ; les populations semblables ; les rapports des colonies avec la mère patrie ont de nombreuses analogies. Pourquoi donc ne pas profiter de l'expérience acquise par nos voisins et ne pas nous inspirer de leur exemple, en apportant les modifications et les tempéraments nécessaires ? Notre piastre devra être traitée comme l'a été la roupie ; nous disons notre piastre avec intention, car il n'y a aucune raison de conserver la piastre mexicaine comme instrument d'échange sur territoire français et de laisser notre circulation sous la dépendance des actes d'un gouvernement étranger, qui pourrait faire subir à cette monnaie telles transformations que nous devrions subir sans être à même de nous y opposer. La première mesure à prendre serait de supprimer le droit qui frappe ces piastres à leur sortie de l'Indo-Chine, et peut-être d'imposer un droit à l'entrée. La frappe libre de notre piastre devrait ensuite cesser, sauf pour le gouvernement, à qui il faudrait laisser la faculté d'alimenter, on cas de besoin, la circulation, surtout après que celle-ci aurait été appauvrie par l'exode des pièces mexicaines. En troisième lieu, il conviendrait de donner à la piastre française une valeur fixe par rapport au franc. Les avis sont partagés sur cette valeur ; nous nous rallierions volontiers au chiffre de 2 fr. 50 ou 2 fr. 40 indiqué par M. Paul Leroy-Beaulieu. Il n'y a pas d'inconvénient à assigner à cette pièce une valeur supérieure à sa teneur en argent calculée au cours du jour : les quantités en étant désormais limitées, ce fait, à lui seul, justifie une appréciation. D'autre part, il ne faut pas qu'en cas d'une hausse, peu probable, mais cependant possible, du métal, le cours de notre piastre ait été fixé si bas que la moindre reprise des cours l'amène à valoir intrinsèquement plus que sa valeur nominale.

Ces diverses raisons nous paraissent tracer au gouvernement la conduite à suivre. L'ensemble des mesures que nous venons de recommander constitue la première partie d'un plan dont la suivante serait le passage à l'étalon d'or. Cette seconde phase n'a rien d'urgent ; l'arrivée en dépendra beaucoup des circonstances et de la tournure que prendront les choses à la suite de la réforme : l'essentiel est d'arrêter la frappe et de donner un cours fixe à la piastre. Ce qui s'est passé aux Indes doit nous rassurer sur les conséquences et nous engager à prendre le plus tôt possible une décision. La commission réunie à Paris pour rechercher la solution du problème vient, croyons-nous, de conclure à l'adoption de ce système.

C'est une solution analogue que, d'après les nouvelles les plus récentes arrivées de Washington, les Américains appliqueront probablement aux Philippines. Ils vont expulser de l'archipel les monnaies étrangères, en particulier les piastres mexicaines qui l'alimentent en beaucoup d'endroits ; ils vont frapper une piastre d'argent philippine, que, seul, le gouvernement pourra mettre en circulation, qui n'existera qu'en quantité limitée, et qui sera volontiers acceptée des habitants, familiarisés avec le métal blanc. Cette piastre sera tarifée à un rapport fixe avec la monnaie américaine et sera déclarée équivalente à un demi-dollar d'or. Cette assimilation est le jalon posé en vue de l'avenir, celui qui permettra plus tard d'introduire dans les Philippines l'étalon américain. Mais autant il est logique de prévoir cette éventualité, autant il est sage de procéder par étapes et de ne pas amener un trouble soudain dans la vie économique de l'archipel en lui imposant une brusque révolution. C'est le programme que nous voudrions voir suivre en Indo-Chine, avec cette différence que nous n'avons pas à y créer une monnaie nouvelle, mais à conserver notre piastre, déjà acclimatée dans le pays.

D'une façon générale, les effets qui résultent du passage de l'étalon d'argent à l'étalon d'or ont été décrits d'une façon saisissante dans le rapport que le comte Matsukata Masayoshi a écrit sur l'adoption de l'étalon d'or dans son pays. Le Japon qui, en fait, était un pays à étalon d'argent, a reconnu rapidement les inconvénients des fluctuations des changes étrangers. « Nous désespérions de plus en plus, dit l'ancien ministre des Finances, de voir le commerce intérieur et extérieur se développer d'une façon suivie : le commerce avec l'étranger, en particulier, devenait de plus en plus un objet de spéculation monétaire. » Plus loin, il énumère les effets de la baisse de l'argent sur le prix des marchandises même à l'intérieur : « La dépréciation de l'argent augmentait chaque jour, et il semblait qu'il n'y eût plus de limite à ses fluctuations. En conséquence, les prix des marchandises ne cessaient de monter au Japon ; les dépenses de l'Etat augmentaient ; en un mot, une perturbation générale se produisait dans l'économie nationale. » Une fois la réforme exécutée, le comte Matsukata en constate les bons effets : « Les rapports entre créancier et débiteur sont moins sujets à des changemens brusques et imprévus ; les a flaires ont été rendues sûres ; d'une façon générale, le crédit s'est amélioré ; les prix sont devenus plus stables ; la voie a été ouverte à un développement régulier et ordonné du commerce et de l'industrie. Les variations des prix ont été déterminées par des raisons naturelles, abondance ou rareté des récoltes, etc., et bien plus modérées que dans les années antérieures. »

D'autre part, les capitalistes des pays à étalon d'or manifestent plus de disposition à envoyer leurs capitaux au Japon. Le pays se félicite de la clairvoyance et du courage de ses hommes d'Etat, qui ont su procéder à la réforme à une époque où l'argent avait encore une valeur très supérieure à celle à laquelle il est descendu aujourd'hui. On a prétendu que la crise que le Japon a traversée était due à l'adoption de l'étalon d'or : rien n'est plus faux. Le pays s'est lancé, à la suite de deux campagnes victorieuses contre la Chine, dans une foule d'entreprises ; il a marché peut-être trop vite dans la voie des travaux publics et des arméniens ; mais il aurait beaucoup plus souffert de cette expansion soudaine, s'il n'avait pu, grâce à l'étalon d'or et à la sécurité que le nouveau régime donnait aux capitaux étrangers, obtenir plus aisément le concours de ces derniers. Une étude attentive des budgets et de l'histoire financière du Japon pendant ces dernières années est concluante à cet égard. Il serait tout aussi inexact d'attribuer les difficultés contre lesquelles il a dû lutter à la réforme monétaire, que de prétendre que le *krach* berlinois de 1873 a été dû à l'adoption de l'étalon d'or par l'Empire allemand lors de sa fondation.

Section IV

Nous avons déjà fait justice, dans la *Revue*, des arguments de ceux qui nous prédisaient les pires catastrophes si l'argent venait jamais à être déchu de sa vertu monétaire et réduit au rôle de simple monnaie divisionnaire. D'après les prophètes, une baisse effroyable des prix devait en résulter, baisse qui frapperait en particulier les objets de première nécessité et ruinerait l'agriculture. Nous avions beau leur montrer que les blés, qui viennent faire concurrence aux nôtres sur les marchés européens, sont récoltés, pour la majeure partie, dans des pays à étalon d'or, tels que les Etats-Unis : ils ne voulaient rien entendre et persistaient à accuser de tous leurs maux, réels et imaginaires, la doctrine du monométallisme et l'adoption de l'étalon d'or par un nombre croissant de nations. Cependant les événements ont marché : chaque année est venue apporter un nouveau contingent d'arguments à ceux qui soutiennent que les prix se règlent avant tout d'après l'offre et la demande de chaque espèce de marchandises ; que la quantité totale de monnaie en circulation joue un faible rôle dans la fixation des prix ; que le maintien de l'or et de l'argent comme métaux libératoires, dans un rapport déterminé par la loi, est une source constante de difficultés et d'embarras ; et que les fluctuations quotidiennes du marché des métaux précieux dérangent à chaque minute l'équilibre factice ainsi échafaudé. Enfin, le développement inouï de la production aurifère, un moment ralenti par la guerre du Transvaal, reprend sa marche en avant et nous promet d'atteindre, à brève échéance, le chiffre de 2 milliards.

Nous sommes en présence d'un fait acquis d'une façon irrévocable ; nous avons montré, au début de cet article, avec quelle rapidité et quelle facilité déconcertante pour les bimétallistes la révolution s'était accomplie. Nous avons ensuite essayé de prévoir la marche probable, au cours des prochaines années, des pays qui n'ont pas accompli l'évolution complète ou qui ne l'ont pas encore commencée. Il nous reste à mesurer les conséquences de ces événements.

Disons tout d'abord quelles sont moins profondes, moins considérables qu'on ne pourrait le croire. La monnaie joue dans l'économie des sociétés humaines un rôle bien moins prépondérant que l'imagination populaire ne se plaît à se l'imaginer. Elle est certes un merveilleux instrument, une simplification admirable des échanges ; elle donne à notre esprit un moyen parfait de comparer instantanément entre eux un nombre illimité de produits, qu'il s'agisse de marchandises qui se pèsent, se mesurent et se comptent, ou de services matériels ou intellectuels. Mais elle n'est qu'un instrument. Il est bien vrai que cet instrument, à la différence du mètre, qui est une mesure idéale, et qui n'est pas autre chose, que cet instrument monétaire porte en soi sa valeur ; mais une partie de cette valeur, la plus grande peut-être, est due précisément au fait qu'elle est acceptée par le genre humain comme équivalent, dans des proportions déterminées, de toute chose. Retirons au métal précieux cette fonction monétaire, et il perd aussitôt une fraction, souvent énorme, de son prix : nous l'avons bien vu pour l'argent. Que, plus tard, l'or à son tour soit remplacé dans ce rôle, qui va lui être exclusivement réservé, de servir de monnaie universelle libératoire, et il cessera de valoir 3 444 francs le kilogramme. Mais, nous dira-t-on, votre hypothèse est absurde : le franc étant, par définition, la trois mille quatre cent quarante-quatrième partie d'un kilogramme d'or, comment pouvez-vous parler de 3 444 francs d'or qui ne vaudraient plus 3 444 francs ? c'est de la logomachie

Section IV

pure. Soit : mais supposons qu'une autre substance forme plus tard l'unité monétaire ; qu'un diamant quelconque soit devenu le franc. Nous disons que le kilogramme d'or, qui achète aujourd'hui, par exemple, 150 quintaux de blé, n'en achètera plus que 100, que 50, moins peut-être ; le fait qu'il ne remplirait plus une fonction qui lui assure un débouché illimité le déprécierait par rapport à tous les autres objets. Nous avons perdu l'habitude de comparer directement l'or avec les produits ou les services, précisément parce que nous exprimons tous ces produits et tous ces services dans une valeur qui finit par être plutôt idéale que réelle et qui apparaît à notre esprit aussi bien sous la forme d'un billet de banque que sous celle d'un certain nombre de disques jaunes. Mais, le jour où nous aurions, par le consentement commun de l'humanité, créé une autre monnaie, nous serions amenés à donner moins de blé ou de laine que nous n'en donnons aujourd'hui pour ce kilogramme d'or, dont nous n'aurions plus alors besoin que pour fabriquer des montres, des bijoux ou de la vaisselle plate. Ne peut-on même pas soutenir que ces emplois industriels, dans une certaine mesure, diminueraient par le fait que l'or ne serait plus métal monétaire ? Sans doute l'abaissement du prix pourrait à son tour stimuler cette consommaion : car le métal présente un ensemble de qualités qui le font rechercher pour certains emplois. Mais n'est-ce pas aussi parce qu'un métal est monétaire, a force libératoire illimitée, peut à tout moment être transformé en monnaies ayant cours légal, que les hommes le recherchent ?

Bien entendu, ce métal doit présenter des avantages en soi, et se prêter notamment à des emplois d'art et de luxe. Mais n'avait-on pas jadis d'autant plus volontiers de la vaisselle plate d'argent que l'on savait la valeur, alors incontestée, de ce métal ? Tout le monde n'était pas amené, comme Louis XIV à la veille de Denain, à envoyer son argenterie à l'Hôtel des monnaies pour la faire fondre en écus : mais la certitude qu'on pouvait le faire en cas de besoin n'entrait-elle pas dans la recherche de ces objets ? Chaque famille ne considérait-elle pas cette vaisselle plate comme une sorte de patrimoine, une réserve pour les jours difficiles ? Et n'est-il pas permis de penser que, la fonction monétaire étant retirée à une substance, elle sera, toutes choses égales d'ailleurs, moins affectée à de tels emplois ?

Raphaël-Georges Lévy

Quoi qu'il en soit, toute monnaie a toujours eu le caractère distinctif d'avoir une valeur propre : tels le bétail (*pecus*) des anciens, le paquet de tabac du Maryland, la pièce de cotonnade (guinée) ou la barre de sel de l'Afrique occidentale. Lorsque cette monnaie s'incarne dans un billet, celui-ci équivaut à l'engagement de remettre au porteur un poids déterminé de métal précieux, ou, d'une façon générale, de la valeur qui constitue l'étalon. Le billet n'a de valeur qu'autant que cette promesse est exécutée, ou bien, si l'exécution en est différée, que le porteur du billet conserve l'espoir, légitime ou illusoire, d'un remboursement à un moment donné. L'économie politique a donc raison de dire que la monnaie est une marchandise ; mais il ne faut pas oublier d'ajouter qu'elle est une marchandise d'une nature spéciale et à laquelle la fonction qu'elle remplit ajoute une valeur additionnelle, distincte de son utilité spécifique.

La substitution graduelle de l'or à l'argent dans le système monétaire des peuples modernes n'a pas d'autre portée que celle de la généralisation de l'emploi monétaire du premier et le retrait de ce même pouvoir monétaire au second. La transition de l'époque à laquelle les deux métaux remplissaient simultanément la même fonction ou bien l'argent seul était étalon au système qui sera certainement universel bien avant la fin du XXe siècle se fait avec une facilité remarquable, qui s'explique par deux ordres de considérations. En premier lieu, la production de l'or a pris sur le globe un développement extraordinaire, dont voici quelques étapes depuis vingt-cinq ans :

	millions de francs
1876	537
1891	677
1892	761
1893	816
1894	939
1895	1 150
1897	1 223

Section IV

1898	1 486
1899	1 592
1900	1 325
1901	1 380

Ce tableau nous explique comment un énorme afflux de métal jaune a permis aux gouvernements et aux grandes banques démission d'accumuler rapidement dans leurs caves les quantités de lingots nécessaires pour donner à leur circulation la base voulue. Dès l'année 1891, grâce à la découverte des champs d'or du Transvaal, la production mondiale dépassait le chiffre moyen des périodes antérieures les plus fécondes, de celles, par exemple, qui avaient été marquées, il y a un demi-siècle environ, par la découverte des placers californiens et des mines australiennes. Sans la guerre qui a désolé pendant trois ans le Sud de l'Afrique et qui a arrêté les 6 000 pilons qui, en 1899, broyaient le précieux conglomérat à Johannesburg, la production totale du monde se rapprocherait déjà de 2 milliards de francs. Ce chiffre sera vraisemblablement atteint d'ici à peu d'années, et se maintiendra sans doute pendant la longue durée que des calculs, presque mathématiques, assignent aux mines transvaaliennes. Sans donc faire entrer en ligne de compte la probabilité, d'ailleurs très grande en dépit des prédictions du géologue Suess, de la découverte de nouveaux champs aurifères, on peut être certain que les gisements déjà connus garantissent à l'humanité une production de métal jaune suffisante pour tous ses besoins monétaires.

Cela est d'autant plus certain que la conservation du métal, une fois extrait des entrailles de la terre et fondu en lingots ou en pièces, est beaucoup mieux assurée de nos jours qu'elle ne l'était jadis. Cet or, si recherché, circule de moins en moins, sous sa forme matérielle ; il repose dans les souterrains des grands établissements, préposés chez les nations modernes à l'organisation et à la surveillance des instruments monétaires : ceux-ci tendent de plus en plus à être des signes représentatifs, dont la valeur est assurée par les espèces qui les gagent, mais qui, une fois cette garantie établie, sont infiniment plus commodes et recherchés par le public ; les billets de banque, les chèques, les mandats de virement règlent un nombre croissant de transactions, si bien que ce sont les communautés les plus avancées en matière économique, telles que l'Angleterre et les Etats-Unis d'Amérique, qui liquident un nombre maximum d'échanges avec une quantité minimum de monnaie métallique. Les besoins qu'on a de cette dernière ne grandissent donc pas en raison du développement des affaires ; la Grande-Bretagne alimente un commerce double du notre avec un stock métallique qui n'atteint pas la moitié de celui de la France. Ce fait, joint à celui de l'accroissement certain de l'approvisionnement d'or de l'humanité, auquel 40 ou 50 milliards s'ajouteront, avant une trentaine d'années, doit nous rassurer pleinement sur le soi-disant péril que ferait courir au monde la disparition de quelques milliards de francs en pièces d'argent, ou plutôt le retrait du pouvoir libératoire précédemment accordé à ces pièces, car la plupart d'entre elles sont transformées en monnaies divisionnaires et reparaissent dans la circulation sous cette autre forme.

Les statistiques que nous venons de mettre sous les yeux de nos lecteurs méritent encore plus d'attention si nous les rapprochons des chiffres du passé. Depuis 1493, c'est-à-dire à partir du moment où la découverte de l'Amérique procura à l'Europe des richesses métalliques dont le moyen âge n'avait été que très médiocrement pourvu, jusqu'en 1875, la production totale de l'or n'avait atteint qu'environ 33 milliards de francs, tandis que, dans les vingt-cinq années suivantes, elle s'est élevée à près de 21 milliards. De 1876 à 1907 ou 1908, l'humanité aura donc récolté autant d'or qu'elle l'avait fait dans les quatre siècles précédents ; et il est vraisemblable que, dans une autre période de trente ans, elle doublera de nouveau cette quantité, si bien que, en un demi-siècle à peu près, elle aura quadruplé les réserves d'or accumulées depuis les conquêtes de Pizarre et de Fernand Cortez jusqu'à l'époque où commença la baisse de l'argent.

D'autre part, l'argent ne disparaît pas brusquement de la circulation. Même chez les nations qui sont au régime de l'étalon d'or pur, le métal blanc joue le rôle très utile de monnaie divisionnaire ; il sert à effectuer les paiements de petite importance, à payer les salaires, à solder les menus achats de la vie quotidienne ; et, par une bizarrerie assez piquante, à mesure que les systèmes monétaires se fondent plus rigoureusement sur l'or, admis seul comme étalon, cet or est remplacé dans beaucoup de cas par des billets, tandis que les pièces d'argent, du métal condamné, circulent de plus en plus et continuent de servir à d'innombrables paiements, trop insignifiants pour donner lieu à des règle mens par billets, par virements ou compensations. C'est ainsi que l'Allemagne vient d'augmenter la quantité de ses monnaies divisionnaires en mettant au creuset les thalers démonétisés et déchus de leur force libératoire. Nombre de peuplades africaines n'usent d'autre monnaie que de l'argent ; pendant quelque temps encore les éthiopiens, les Malgaches, les Soudanais réclameront des thalers de Marie-Thérèse, que l'Autriche continue de frapper à leur usage, des écus de 5 francs et autres pièces semblables. Nous avons indiqué nous-mêmes que nous ne conseillons pas de brusquer la transition du régime actuel à celui de l'avenir pour les populations de l'Extrême-Orient, habituées au métal blanc, bien que l'exemple du Japon soit de nature à nous inspirer quelque courage à l'égard des résolutions à prendre. L'argent a donc encore un rôle honorable à remplir dans le monde. S'il est irrévocablement déchu de sa grandeur passée, s'il ne peut plus prétendre à être maintenu au même niveau que l'or, non pas seulement dans le rapport jadis classique de 1 à 15 et demi, mais dans un rapport fixe quelconque, fût-ce de 1 à 40 ; s'il est descendu, chez la plupart des nations modernes, au rang secondaire de monnaie d'appoint ; s'il est menacé d'un prochain détrônement dans les pays mêmes qui, comme le Mexique, le produisent en grande quantité et remploient à titre exclusif, il n'en conservera pas moins, pendant de longues années encore, la place que l'évolution monétaire de l'humanité lui assigne aujourd'hui. Cette évolution est d'ailleurs bienfaisante, en dépit de certaines souffrances individuelles et passagères qu'elle a pu provoquer et qui ont été grandement exagérées. Elle contribue à faciliter les rapports entre les diverses nations, au même titre que les chemins de fer, les bateaux à vapeur, les câbles télégraphiques : les échanges se font d'autant plus facilement entre les hommes que les instruments monétaires sont plus semblables. Tous les sophismes de ceux qui ont prétendu que la monnaie dépréciée constituait une protection pour l'agriculture et l'industrie ont été percés à jour ; c'est aux agioteurs seuls que les fluctuations du change profitent ; il est inutile de revenir sur une démonstration désormais acquise.

Raphaël-Georges Lévy

Nous pouvons nous contenter d'enregistrer ce nouveau progrès dans les relations internationales et de souhaiter que ce progrès matériel entraîne à sa suite un progrès moral, en donnant occasion aux peuples de mieux se connaître, de dépouiller les préjugés qui les arment les uns contre les autres, de s'estimer davantage, sans cesser de se respecter.

Section IV

ISBN : 978-1545444184

www.ingramcontent.com/pod-product-compliance
Lightning Source LLC
Chambersburg PA
CBHW061453180526
45170CB00004B/1682